La Véritable Histoire de Notre Dame de Vagnoubin

La véritable histoire
de
N.-D. de Vaudouan

La véritable histoire

de

Notre-Dame

de

VAUDOUAN

Sa chapelle

son pèlerinage et ses faits miraculeux

Mise en lumière pour la première fois

D'après le manuscrit authentique composé en
1679 par de Villebanois, de Sainte-Sévère

par

Ernest Demay Villebanois

Arrière-petit-neveu de l'auteur

CHATEAUROUX

A. MAJESTÉ ET L. BOUCHARDEAU

IMPRIMEURS-ÉDITEURS

NOTE DES ÉDITEURS

BIEN que les derniers historiens de Vaudouan aient connu et utilisé le manuscrit attribué à de Villebanois, la publication de ce manuscrit resté jusqu'alors inédit, servira non seulement de preuve aux histoires modernes, mais encore elle aura sur ces dernières l'avantage d'offrir la relation la plus fidèle des faits miraculeux se rapportant à la chapelle de N.-D. de Vaudouan.

Le manuscrit de Villebanois, écrit sur papier, en in-18 de 66 pages, nous a été communiqué gracieusement par M. Ernest Demay, banquier à la Châtre, appartenant à la famille de l'auteur par ses aïeux maternels. Frédéric de Villebanois, son arrière-grand-père, était le fils de Pierre de Villebanois, lequel était fils de Guillaume de Villebanois, notaire et procureur à Sainte-Sévère et procureur fiscal de la justice de Pouligny.

Nous ne savons si c'est à ce dernier qu'on doive attribuer l'histoire de Vaudouan, écrite en 1679 et signée *de Villebanoix*, sur le frontispice.

Dans tous les cas, l'auteur, que M. Émile Chénon qualifie de bourgeois de Sainte-Sévère (1), appartenait à une ancienne famille de la ville dont le nom apparaît souvent dans les actes depuis le XVIe siècle (2).

La maison de la famille de Villebanois existe encore à Sainte-Sévère. Elle est occupée maintenant par l'hôtel de l'Écu de France. Elle conserve une porte cochère percée dans un pavillon carré, une petite porte et une cheminée ancienne (3).

En écrivant son histoire, de Villebanois

(1) *Histoire de Sainte-Sévère en Berry*, p. 179.

(2) *Archives de M. de Villaines*, Actes de 1573, 77, 78, 81, 83, 1698, etc.).

(3) *Histoire de Sainte-Sévère*, p. 137.

a été avant tout guidé par un esprit de reconnaissance et de piété. « Je n'ai pour but, dit-il en s'adressant à la sainte Vierge, que de vous porter mes reconnaissances pour les faveurs sensibles et continues que j'ai reçues de vous, et laisser à mes pauvres petits enfants le mémorial de mes reconnaissances, afin qu'un jour eux et leurs neveux vous en sachent rendre grâce. » Si quelques erreurs historiques s'y sont glissées, elles doivent être imputées en partie à la notice plus ancienne et aujourd'hui disparue à laquelle l'auteur avoue avoir fait des emprunts textuels. C'est du reste le cas de toutes les chroniques de ce genre où l'exagération et quelquefois la fantaisie sont facilement corrigées par les documents offerts par les sources administratives. La sécheresse de ces derniers a besoin d'être tempérée par des narrations prises sur le vif, par des images fidèles présentées par un témoin sincère fortement impressionné des merveilles qui se déroulaient sous ses yeux.

Sans le manuscrit de M. de Villebanois

nous n'aurions pas d'histoire complète de Vaudouan, aussi ne pouvons-nous lui rendre meilleure justice qu'en lui faisant les honneurs de l'impression qu'il mérite à tous les titres.

HISTOIRE

DE

N.-D. DE VAUDOUAN

ÉCRITE EN L'ANNÉE 1679

Par de Villebanois,
Bourgeois de Sainte-Sévère.

D'après le manuscrit original possédé par M. Ernest
Demay Villebanois

> « C'est la meilleure des trois his-
> « toires que j'ai eues entre les mains. »
> (L'abbé Caillaud, vicaire général, Hist.
> de N.-D. de Vaudouan.)
> « Il est à regretter que le manuscrit
> « de M. de Villebanoix soit resté iné-
> « dit. » (Chenon, Histoire de Ste-Sévère.)

INTRODUCTION

Paris a pour patronne en Geneviesve, une vierge, Bourges en Solange, une vierge et martire, et la Chastre, Marie, reyne des vierges et des martires. La première a pour peuple un petict monde ; la seconde une ville et la troisiesme un petict bois. La première a esté l'admiration de son temps ; la seconde, recherchée en mariage de son souverain, et la troiziesme recherchée, épousée et faicte mère de son roy, comme l'apuy infaïible de tout l'univers chrestien.

Sainte Vierge, j'aurois icy un beau champt à m'estendre et une belle mathière à enrichir, après l'invocation du Sainct Esprit à ce subjet en le remémorant du jour du traicté de paix entre le ciel et la terre, quant le vingt-cinquiesme mars, jour heureux et auquel j'eust l'honneur de naistre, l'ange Gabriel vous salua mère de Dieu, et sy je ne savois à plain combien le monde est persuadé de voz grandeurs et libéralitéz, j'aurois, dis-je, un beau subject à déduire et pousser, pour conter aux homes vos grandeurs, notemment sur le subject de l'histoire de vostre chapelle de Vaudouan en Berry, au royaulme de France, sy je n'estois certain que ceulx à qui ce petict traicté escherra en scauront beaucoup plus, puisque tout le monde est à plain instruict de voz merveilles opérées en ce petit désert, faictes dans ce bois et accomplyes en ces bruyères.

Aussy, Madame, en ce rencontre n'ais-je pour but que de vous porter mes recognoissances sur tant de biens que j'ay receu de voz faveurs sensibles et continues et dellaisser à mes pauvres peticts enfens ce mémorial de mes recognoissances afin non seulement de ceste confession, mais encore qu'un jour, eux et leurs nepveux vous en scachent rendre les recognoissances et les graces deubs en obligeant vos dévotz à redoubler leurs espérances en vostre apuy et leurs vœux à vos autels.

ADVIS AU LECTEUR

Amy lecteur, jay pris la liberté de mectre au jour un crayon et un eschantillon et esbauchement de l'histoire de Nostre-Dame de Vaudouan pour trois raisons : la première, parce que je suis infiniement tenu à la mère de mon Dieu par des raisons non seulement générales, comme les aultres chrestiens, mais

encore beaucoupt plus particuliere et spécifique, estant
par ce petict ouvrage aulcunement bien aise de luy en
tesmoigner mes recognoissances ; la seconde, afin de
faire voir à mes compatriotes ce qu'est la dévotion de
Vaudouan et luy faisant la justice de l'avoir en plus
grande estime et vénération que par le passé, les
obliger à fréquenter d'adventage ce saint lieu plain
de bénédictions et consolations ; et enfin la troiziesme,
obligeant mes lecteurs plus savants de me reprendre
ou j'auray failly, les obliger à cotter les faultes de ce
petict ouvrage, à en faire un meilleur s'il y a lieu, et
pour y parvenir fouiller les archives du trésor de
Saint-Germain de la Chastre, qui en conserve les
monuments très autenticques, je crois que ces motifs
ne sont que louables, puisqu'ils tendent à la plus
grande gloire de Dieu et salut du prochain sy cela
est, luy mesme scayt que c'est la plus digne récom-
pense que j'en attende ; cependant, priant sa mère
de vous mectre soubz sa saincte et favorable protec-
tion comme moy qui suis vostre serviteur.

L'HISTOIRE
DE
NOSTRE-DAME DE VAUDOUAN EN BERRY

Je ne suis pas le seul ny le premier qui ay osé
tracer quelques remarques mémorables et remar-
quables arrivées à Vaudouan, puisque, oultre les
monuments publiqs qui en restent au trézor du chapitre de la Chastre, qui peuvent estre au chastel de
Brienthe, ceulx qui se sont perdus en la cure du
mesme Brianthe, l'année 1648 ou environ que

mouru Mᵉ Jacques Adenis, curé d'icele et qui estoient dedans un cofre, dont le nommé Brade estoit chargé, contenant environ quatre boisseaux à mestre bled, fut ravy par certains habitans du lieu auquel estoient les tiltres des fondations, miracles et vœux de Vaudouan et de quoy il ne reste qu'un simple inventaire sommaire aujourd'huy, et tant d'aultres personnes qui en peuvent avoir encorre sans parler du gros livre manuscript qui contenoit les miracles, les messes et vœux qui souloit toujours estre à Vaudouan et que depuis peult l'on ne voy plus.

Nous avons oultre cela un petict livre de Charles Frédéricq de Gamaches, seigneur de Chasteaumeillan, qui ayant, come il advoue en son livre du vœu, long temps porté les armes, s'adonna sy fort depuis aux lectres et à la pietté, qu'aulcungs l'on passé pour ce célèbre de Gamaches, docteur de Sorbonne, qui estoit plus tost son fils ou petict-fils puissant antagoniste de Luther et Calvin.

Un religieux carme de grandes sciences, au commencement que la réforme de l'ordre fut introduite à la Chastre, ayant recueilly beaucoupt de mémoires et instructions, se mit à composer l'histoire de Nostre-Dame de Vaudouan avecq tant de savoir, qu'en bref il en seroit sorty avecq advantages pour luy et gloire de sa Maistresse des cieux, sy cet home, visictant la campagne et plus enflé de présomption que de zelle et pietté, ayant faict amourette d'une damoizellle des champs n'avoit esté conctraint quicter la Chastre pour se sauver, parce que cest supérieurs, advertys de ce mesnage scandaleux, estoient sur le poinct de le reclure en un lieu ou il auroit heu le temps d'ans faire pénitence, mais il fit encore pis, puisque tombant souz la furie de la tantation il se retira à Genève où il se fit huguenot.

Mais Dieu qui ne veult perdre personne, notamment des âmes qui se sont devouez à son service et consacré leurs plumes à la louange de sa Mère, voulant bien que cet homme se recognut, comme il arriva au catholichisme, reprist son habist, sa reigle de Carme, fut réintégré en sa province avecq pardon général (1), mais avecq cette différance que pour l'esloigner désormais de l'objet qui l'avoit faict pécher, l'on le transmit en un aultre couvent, et ainsi, n'estant plus de la famille de la Chastre il ne paracheva pas son ouvrage de la dicte histoire de Nostre-Dame de Vaudouan.

Un Jésuite, qui a faict les histoires des Nostre-Dame les plus fameuses de France de nos jours, y a colocqué honnorablement celles de Vaudouan qu'il avoit puisé des archives de l'archevesché de Bourges et de beaucoupt d'aultres autheurs qui en ont écript et que l'indévotion des gens du lieu aussy bien que leur peult d'honeste curiosité faict ignorer aux voisins de cette ilustre vierge, leur protectrice.

.

Vaudouan est une des anciennes dévotions de Nostre-Dame qui soit en France, puisque nous apprenons que celles des *Ardilliers* n'a commancé qu'en 1454, celle de *Liesse* qu'en l'an 1131 qu'un chevalier esclave, en Egipte se sauvant, apporta en ce lieu, come il résulte de l'écript aux tableaux qui ornent cette église ; celle de *Maubrauche* le 25 aoust 1621 ; celle du *Bourgdieu* le 31 may 1187; celle des Places en la

(1) « J'estime Monsieur de Sales en parler au 35 capytre « du second livre de cesdites épithres. »

Marche qu'en 1665 (1) et que Nostre-Dame de Vaudouan a bien voulu manifester sa gloire par ses merveilles et miracles opérés en ce lieu, en lannée 1013
ou environ; et ce qui cause néanlmoings qu'elle n'est
pas sy fréquentée des estrangers plus esloignés dedans l'extrémité du royaulme, proceddant de ce qu'elle
n'est pas sictuée sur une grande routte et chemin du
royaulme et mesme en veue des grands bois, qu'il y a
lieu que le lieu est censé périlleux pour les voleurs
qui à la vérité y estoient aultrefois mais qui à présent
ny sont plus, et ainsy s'il estoit jugé a propos les pos-
tes et ordinaires de Tholoses, Bourdeaux, Limoges
et les aultres y pouvant à présent repasser come ils
faisoient jadis et avant cest désordres.

Quoy qu'il en soit, *Vaudouan*, qui est compris en la
carte de Berry est sictué en la paroisse de Brienthe
en un petict bois de sa juridiction, ce qu'il n'estoit pas
jadis, mais justiciable de la Chastre pour un endroit
dict le *traicté de la guide des chemains* (*fol.* 88) où il
y a un ormeau, au pied duquel est une belle pierre, les
deux au milieu de quatre chemains qui séparent les
quatre provinces de Berry, la Marche, Bourbonnais et
Auvergne, où jadis quatre souverains princes, chacun
de sa province se virent et s'abouchèrent pour parler
et démesler un grand affaire, chacun ayant le pied en
sa terre et nulement en celle de son voisin et, dict ont,
que deux mothes de terre posée sur le chemin dudit
Vaudouan à la Chastre, lieu appelé le *Terrier de l'al-
louelle* et l'aultre celuy de la *pie* ou *ageace* en termes
d'alhors, qui fust depuis appelé *Terrier jardon* à cause
d'un jardon qui i fut pendu en lannée 1546, font encorre
les anciennes devises de France et de la Guyenne,

(1) « En 1205, vray il est le 17 aoust arriva le grand miracle. »

estant certain que le rocher ou passe la rivière de
Couarde dans les bois de Boudan est passé pour estre
asseurément une ancienne limite du pays francq sallé
d'avecq celui qui ne l'estoit pas et que l'on y souloit
distribuer le sel come aux marchés de la Marche et
du Limosin, que cela come du reste de la Guyenne ·
proceddoit de ce que hommes et femmes de cest pays
là avoient vendus aultres fois tout ce quils avoient, jusqu'à leurs licts, habicts, voire le pain quils mangeoient
pour faire l'argent qui servy despuis à la rédemption
du roy François premier, lhors qu'il estoit prisonnier
en Espagne, en conséquence de la journée de Pavie. A
lequel lieu de *Vaudouan* veult dire *val* ou *valée de
Houanl*, puisque *vault* en vieux français signifie *valée*
et quil y a un lieu, paroisse de Crevant, qui s'apelle
encore a présant *Houanl*.

Quoiyqu'il en soit, et que puisse dériver ce nom,
Vaudouan est scitué en un lieu descouvert de tous
costéz pour estre en une assiette platte, en terre mai-
gre et remplye de bruyères qui compose une commune de plus de deux lieues ou, moyennant certaines
choses d'advenages et par chacun an grandes quantités de bestiaux ont droict d'aller paistre et ainsy une
terre pour la plus part inculte, distante de la Chastre
d'une peticte lieue, de Saint-Martin de Pouligny,
de demy lieue, Brienthe et Chassignole, aultant, Ste-
Sévère et Chasteaumeillant, deux lieues et où l'on
remarque l'air ce semble plus froid qu'aultre part,
notemment à la croix qui est sur le chemin de la
Chastre, la plus près dudict Vaudouan pour estre à
mon estime aussy le lieu le plus exposé et en veue de
la province, puisque dudict costé de la Chastre il est
remarqué et veu de plus de trois à quatre lieues et

sans doubte pour ses imperfections, le pays seroit il désert, nestoit qu'il semble que la Vierge, par des dévotions quelle a voulu luy estre rendues de temps à aultre, a semblé faire toujours plustost élection d'un lieu stérile et désert que d'un abondant, afin ce semble, de faire que tout fut cultivé, sinon au temporel, au moings au spirituel, et sy la nature estoit ingratte que la grace y abondast.

Car je vous prie, quel agrément trouver à Vaudouan pour l'habiter et y fréquenter, hors les merveilles qui sy produisent et y ont commencé, dict ont, dans la susdicte année 1013, ou environ, qui l'ont fait renomer presque par tout le monde, ce qui arriva de ceste sorte au dire du susdict Charles Frédéricq de Gamaches, que j'ay voulu extraire fidèlement de son original et de mot à mot. Il y a à Nostre-Dame de Vaudouan en Berry près de Chasteaumeillant une fontaine qui ruisselle encore aujourd'huy, dont les bergers allant boire y trouvèrent une image de bois de Nostre-Dame, laquelle ils portèrent à l'église de la paroisse appelée Brianthe distant d'un quart de lieue. Le lendemain, le curé y allant pour dire sa messe, la trouva à dire, et s'estonnant, ayant fermé les portes à clef, s'en couru avecq gens au lieu d'où elle avoit esté apportée et la trouvèrent dedans la mesme fontaine ; puis la reprenant fust d'advis de la porter dedans l'église de Saint-Germain de la Chastre, distant d'une lieue, d'aultant que ce lieu de Vaudouan est de la justice de ceste ville, ce qui proceddoit de ce que la Chastre et Brianthe appartenoient au seigneur de Chauvigny l'hors, et fut la dicte image mise par le curé et chanoine (1) dudict la Chastre sur l'autel ;

1) « Ou plutost aux religieux Pères, veu q'y estoient lhors » et advant la chapelle Saint-Germain. »

et le lendemain, huis clos et portes fermées, se trouva
au mesme lieu qu'elle avoit esté prise desjà deux fois.

Ces transports merveilleux et réitérez les faisant
juger que la Sainte Vierge désiroit que Dieu fut servy
en ce lieu, résolurent y faire bastir une chapelle. Et
ayant faict une récolte d'argent pour cest effest, et le
marché faict à un maistre masson, trassant et creusant
les fondements, l'eau venant à remplir à mesure qu'il
travailloit, l'ouvrier se dépicte et jettant son martheau
contre l'air, un grand vent le transporta à deux cents
pas de là, où ont fit bastir la chapelle qui y est maintenant, de quoy les monuments et tesmoignages ne
manquent pas, estant très abondans et copieux, jusqu'icy ledict sieur de Gamaches qui sera cotté encore
aultre part, mais pour d'avantage examiner la vénération dudict image et circonstancier plus par le menu
le faict ; il fault observer que premièrement les fondemens que ledict masson vouloit jecter à la construction de la première chapelle, à quoy il ne peu parvenir,
estoient au-dessus non seulement de la fontaine ou
l'image de la Vierge fut trouvée par une fille qui pouvoit estre avecq d'aultres bergers et bergères et qu
ayant retiré ledict image le porta à sa mère qui,
l'ayant gardé une nuict en sa maison pendant quoy
ledict image fut miraculeusement porté à ladite fontaine que la mesme bergère l'ayant retrouvé le lendemain et rapporté à sa mère qui luy conseilla de la
mestre dans l'église de Brianthe et en advertir le curé
auquel arriva ce qui est cy-dessus dict. Mais encore
ladicte chapelle devoit estre au-dessus de la chaize
du prédicateur qui est bien au-dessus de la dicte fontaine sur le costé regardant St-Martin-de-Pouligny
et par là très rehaussé et exalté de ladicte fontaine,

lesquels fondemens paroissent encore a présent néanlmoings merveilles, les eaux de ladicte fontaine rem-
plissoient la nuict les travaux du jour, et l'on peult
dire que, contre le raisonnement des phisiciens, l'eau
montoit plus hault que sa source, puisque les fossés
estoient toujours remplis le lendemain, ce qui ne se
pouvoit naturellement. Aussy cette eau à mon estime,
estoit elle plustost jaillissante de la fontaine des
Graces que de la naturelle de Vaudouan, à laquelle
chacun va tous les jours par dévotion en boire et s'en
laver, de quoy l'on se trouve bien mesme pour les
gens venir processionnellement et aultrement ne vont
ils point à Vaudouan qu'ils n'ayent estez à la fontaine
de cette chapelle, aultrement ne croirait ont pas le
voyage bien faict. Le masson et entrepreneur voyant
doncq comme portent les documents, que vainement
vouloit il bastir une chapelle en un lieu ou il sembloit
que Dieu ne vouloit pas que sa mère y fut vénérée,
de dépit ou plustost s'abandonnant à cette providence
divine et toujours bien faisante, il abandonna le travail et lança son martheau, les ungs disent contre
terre et les aultres, ce que je croy mieux, en l'air et
à costé de luy, qui par la Providence divine qui con-
duisoit tout ce dessein, alla surgir sans que personne le
vist ny y cogneu rien, à part qu'il se trouva depuis et
où est à présent la chapelle de Nostre-Dame de
Vaudouan.

Et voilà comment, le martheau lancé, un chacun
voulant voir autour de l'entrepreneur à six pas de luy
où l'on croyoit qu'en tous cas il seroit allé choir, voilà
que le cherchant et le recherchant en tout cet espasse et ne le trouvant poinct, leur estonnement redoublant et obligeant les personnes à le chercher

encore avecq plus d'empressement et d'assiduité et toujours vainement, la merveille qui estoit jadis arrivé à Constantin le Grand lorsqu'il vouloit édiffier premièrement Constantinople sur les fondements de l'ancienne Troye de Phrigie don les outils des architectes, au rapport du père Caussin, en sa construction furent traduict sur l'ancienne Bizance où il fut contrainct l'édiffier, leur pouvoit bien venir en mémoire, ayant assez le temps d'y réfléchir pendant quils faisoient ladicte recherche d'ceux oultils (1). Enfin, sur le désespoir de toutte la compaignie de les retrouver et prière très humble à la Vierge de *Vaudouan* dedans l'action perpétuelle des prodiges qu'elle faisoit de les faire trouver, une vache d'un beuglement surprenant dans un bois près de là mugissant extraordinairement et comme dans la dernière espouvante surprenant aussy les rechercheurs desdicts oultils et iceux obligez de recourir à cet animal, le trouvèrent au milieu d'un petict bois taillis et fort agité en un petict preau ou tapis vert d'une herbe très pressée et menue, fine, fort basse et égalle, à quoy il sembloit que la nature ce fut delaictée et jouée tant le carreau de ce tapis au milieu de cest taillis estoit accommodé, lequel animal les voyant et redoublant, ses gestes trespignant impérieusement des pieds et de la teste, ne cessa de se tourmenter et de leur faire signe jusqu'à ce quils eurent connu qu'elle leur montroit les oultils dudict entrepreneur que l'on cherchoit auparavant aultre part, de façon que chacun ayant crié miracle, adoré la puissance divine qui se sert des choses plus conthemptibles pour opérer les

(1) « La mesme chose est arrivée à saint Lopold d'Autriche. « Voyez sa vie. »

plus grandes merveilles, l'on ne recognu pas seulement que le dessin de la Vierge estoit d'estre honorée là, mais encore que lon luy érigeast une chapelle et non plus à la fontaine quelle laissoit y faire ses dévotions et y prescher ses merveilles comme l'on faict encore, de sorte q'aussi tost cognu, aussy tost délibéré et résolu, voilà donc que l'on trace le plan de ce sacraire à la Vierge pendant que la vache s'esvanouit et ne set ont plus ce quelle estoit devenue ny où elle estoit allée. Desorte que, la chapelle érigée, on nettoye la mare ou ledict image s'estoit trouvé, de quoy l'on érigea la belle fontaine qui y est à présent et la chaize du prédicateur au-dessus de ladicte fontaine pour à l'advenir y prescher les miracles nouvellement arrivez et un nombre infini d'aultres que la Saincte Vierge a depuis opérez en ce lieu qu'elle opère et opérera jusqu'à la fin du monde, et comment il observoit que cest le mesme image qu'y est a présent qui fut lhors trouvé dedans cette mare par cette fille, non seulement parce qu'il n'est poinct de mémoire qu'il y en aye esté mis un aultre despuis, et aussy la partye inférieure d'iceluy est informe et sans figure et q'asy comme une souche de bois, au contraire de la supérieure qui est sy bien faicte et qui vray semblablement fut alhors fort embellye par l'art du sculpteur et par la peinture, parce que, comme remarque le mesme sieur de Gamaches, nonobstant que le duc des Deux Ponts qui passa par Vaudouan avecq une grosse armée de reistres en l'année 1568, pour adcister les hérétiques de Saintonge contre les catholiques françois fist brusler la propre nuict de St-Laurand ladicte chapelle de Vaudouan afin, comme huguenot qu'il estoit et toutte son armée, par cette incendie d'estein-

CROQUIS DE LA CHAPELLE DE VAUDOUAN

dre la dévotion des catholiques françois en ce lieu.

Néanlmoings, bien que ladicte chapelle fut lhors touste réduicte en cendres, neanlmoings, choses merveilleuses et admirables, ladicte sainte image de Nostre Dame de Vaudouan fut retirée du milieu du brazier sans lézion ni dhommages aulcuns et aussy belle come auparavant l'incendie de sa chapelle commandée de cet hérétique, mais come tout ce qui est souz le ciel de la terre est subject à altération et que le temps, en rongeant perpétuellement dévore touttes choses, fait que la dicte sainte image fut décolorée et qu'un peintre promit de la mestre en un plus bel estat, en lannée 1625, l'on fit repeindre la dicte sainte image par Louis Gillet, sculpteur et peintre de la ville de Troye en Champagne, estant lhors a la Chastre, ce qui se fit en la maison du nomé Sacrotaie, en la place du marché de présent possedée par Mᵉ Anthoine Pajot, notaire royal, Bertrand Gillet, marchand, frère dudict Louis, l'ayant esté quérir dans une hoste et apportée audict La Chastre, apres quoy et qu'elle heu esté peinte de nouveau et ensuite portée voir et vénérée par touttes les maisons principales dudict La Chastre dévotement curieuses, elle fut reportée audict Vaudouan où elle est encore de présent mais plus advancé sur le lever du soleil et du costé de Brianthe qu'autrefois, au moyen de l'aggrandissement de la chapelle dudict Vaudouan, fort peticte en son commencement, et portée en la perfection et grandeur où elle est aujourd'huy par les sieurs dudict chapitre St-Germain, à la diligence, soings et solicitudes de M. Jean Baucheron, l'un de leurs chanoines, ausquel, pendant son bail pour sept ans d'iceluy Vaudouan, ils avoient passé et alloué en compte cinquante

livres par an de diminution, bien qu'il fust dict par
iceluy bail qu'ils ne luy en alloueroient que X livres
anuels espar la IIIᵉ cents livre de despensse en icelle
augmentation de ladicte chapelle fut achevée et béniste
le 5 août 1668 ; ladicte augmentation prenant des
deux petictes portes des deux pans de ladicte chapelle tirant vers la maistre-autel d'aujourd'huy ou ladicte saincte image fut traduicte de l'ancien autel ou
elle estoit auparavant un dimanche, ladicte addition
allant à trente-trois pieds, ce qui avoit esté premierement projeté, voire comancé l'année 1648, que
Mᵉ Guillaume Dorguin, sieur des Bergeries, en posa
la première pierre. Mais en faisant la translation
de ladicte image, il y eut opposition de la part de
Mᵉ Guillaume Gagnere, curé de Brianthe, qui prétendoit en cette qualité que ladicte transfération ne se
pouvoit faire qu'en sa présence et luy appelé, de quoy
ayant faict procès-verbal, ledict Mᵉ Jean Baucheron,
chanoine et desservant lhors actuellement Vaudouan,
faict ouïr un très grand nombre de tesmoings, ce qui
dura despuis les sept heures du matin jusqu'à onze
heures que la messe fut dicte par luy et Baucheron
et célébrée hautement et solennellement à diacre
et sous-diacre, où jestois avec grand nombre d'as-
sistants.

Ledict sieur Baucheron, nonobstant ledict empes-
chement dudict curé de Brianthe, passa oultre et coman-
cea la cérémonye qu'il estoit près de midy, parce que
l'information de ce reffus avoit bien duré quatre heures
à ce faire, et estoit il fondé à passer oultre et faire
icelle translation en ayant permission de Messieurs les
grands viquaires de Bourges, le siège archépiscopal
lhors vacant, aussy que ledict sieur curé n'en a faict

aulcun mouvement despuis, ains laissé la chose come elle estoit, et faut il observer qu'il fut mis dans l'autel de présent sur lequel est ladicte sainte image un petict cofret remply de saintes reliques qui avoit esté trouvé dans les débris de l'ancien et premier autel, et ne sait on de quel saint lesdictes reliques sont, soit pour manquer de billets, ou encore que l'on ne voulut pas ouvrir ledict cofret que lon reposa come il avoit esté trouvé (1), de façon qu'aujourd'huy sans exagération, lon peult dire *l'église de Vaudouan* et non plus la *chapelle* à cause de sa longueur qui est de........ pieds et de sa largeur qui est proportionnée, bien lambrissée et voultée à neuf, ce qui n'avoit encore jamais esté faict, et ainsy un sacraire à la très Sainte Vierge d'une honeste grandeur et proportion aux deux costés de laquelle et quy l'aille à ce temple qasy figure de croix, sont deux petictes chapelles, l'une à la droiste en entrant et l'aultre à la gauche, la première appelée la chapelle de Virolan, à cause des anciens seigneurs de Virolan qui l'estoient d'iceluy Vaudouan, s'estant aparament réservé ladicte chapelle et où tousjours ils se sont faicts inhumer, y ayant autel et banc seigneurial avecq siège pour les placer quand ils y oyoient la messe, la chapelle de la senestre en entrant s'appeloit de Créquy qui sont premiers seigneurs...... et ayant aussy fondez icelle et demeurez en .... de Ste-Sévère son autel, de sorte que dans l'église de Vaudouan l'on peult ouïr trois messes à la fois, ce qui arrive quelques fois l'année, aux festes de la Vierge et qui cotte que ce n'est pas une dévotion

---

(1) « Et auquel je crois estre mesme la datte de la fonda-
« tion de la chapelle. »

médiocre et commune que celle de ladicte église de Vaudouan.

Mais pour revenir à ladicte chapelle de Virolan, à mon estime, je croirais que ce seroit une erreur d'estimer que lesdicts sieurs du Virolan eussent esté seigneurs directs de la dévotion de Vaudouan, ou ledict sieur de Gamaches erre, en ce qu'il fut faicte une colecte ou récolte de deniers, ce qui s'entendoit de tous les habitants de la Chastre et non pas des seigneurs du Virolan qui l'auroient faict bastir dedans leur fond, sy l'on ne vouloit dire que lesdicts sieurs de Virolan donnèrent la place qui leur appartenoit lhors ou fut bastie l'église de Vaudouan, à la charge de se réserver une chapelle à la dextre de ladicte église et y adhérant come elle est encore, quelqueungs ayant advancé que quant le miracle de la fontaine arriva, ces messieurs du Virolan, lhors de Rambœuf, ne venoient que de diviser leurs biens en trois portions égalles, parce qu'ils estoient trois frères, et que celle de Vaudouan estant eschue au cadet de cette maison, lhors prestre et chanoine au chapictre de Saint-Germain dudict la Chastre, il leur fict don de ladicte chapelle (1) quil auroit faict bastir luy mesme, à quoy j'estime bien que les braves gens dévots à la Vierge qui venoit de sy fraischement faire des miracles contribuèrent de beaucoupt et que ledict premier....... ou donnateur de ladicte chapelle ausdicts sieurs du chapictre ne leur fit que don de ce qui luy pouvoit lhors estre escheu et qui estoit une

(1 « Il y a erreur, parce qu'en 1013 il n'y avoit point « encore de chapictre de Saint-Germain à la Chastre, mais bien des bénédictins sous l'invocation Saint-Vincent. »

bien peticte portion de bois, aussy que lesdicts sieurs
donnateurs estoient sy résevez, que leur hostel ne
pouvoit que tenir pour tout bestail un petict pourceau
qui traîneroit encore un saboth percé au pied sans
aultre estendue ny liberté despuis iceux sieurs
du chapitre s'estant fort estendus, come il sera cy
après dict, un aultre de Rambœuf appelé Renault,
aussy chanoine à la Chastre, fonda à Vaudouan la
belle procession de l'Assomption de la Vierge et leur
fit un don en manière de descharge en lannée 1200,
pour aultres choses mesme fonda audict temps à la
Chastre le vicquaury de la chapelle Saint-Martin
en l'église dudict Saint-Germain, de façon que messieurs de Rambœuf q'estoient gentilhomes de fort
ancienne lignée come il résulte, de ce que dessus,
estoient fort dévots et pieux donnant grandement
aux églises, notament à leur antiquicté de Vaudouan
et cest Rambœufs portoient pour armes de. . . . .
. . . .
ausquels ayant succédé un Dubout, aultre gentilhome
en ladicte seigneurie de Virolan, soit parce que la
maison feu tombé en quenouille, soit par eschange,
vente ou aultre.

Quoyqu'il en soit, en 1294, un Pierre Dubout, à la
charge d'avoir le premier canonicat vacant encore audict Saint-Germain de la Chastre, cedda auxdicts
sieurs du chapictre tout le droict, part et portion qu'il
pouvoit prétendre audict Vaudouan, où est la maison
de l'hoste dudict lieu, court et jardin. Et mesme que
comme lesdicts sieurs du chapictre n'avoient que la
chapelle, se peu il faire que la maison estant bastie
par le seigneur du Virolan et dedans son fond leur
donna en l'estat qu'elle estoit lhors, c'est à dire toutte

bastie come elle estoit, lequel Dubout portoit pour
armes. . . . .

Maiz par un troiziesme changement, ledict chastel
de Virolan estant escheu à l'ancienne maison de
Valzergues dont la feme du fameux Mareschal de la
Force, grand partisant des huguenots de la Rochelle,
Sancerre et Languedoc en 1616, que la guerre de
la religion fut sy eschauffée, laquelle feme dudict
Mareschal de la Force signoit de Valzargues, mesme
ce qui oste tout à fait le doubte de l'anticquitté de
cette maison comme de sa grandeur dont l'histoire
parle partout honorablement, ayant donné le bois et
paccages ausdicts sieurs du chapictre et généralement
les appartenances dont ils sont paisibles pocesseurs
aujourd'huy, il est vray de dire que lesdicts sieurs
du chapictre sont à présent maistres d'un bel héri-
tage.

Cest de Valzergues portoient pour armes *deux be-*
sangs en chef et deux lyons dans l'escu, a qui auroient
despuis succédé en la propriétté et jouissance de la
chapelle de Virolan seulement la maison de Marmont en Poittou, qui se seroit approprié par mariage
le chastel du Virolan. Et voilà sommairement le
nombre des seigneurs propriettaires de Vaudouan et
de ces partages jusqu'ausdicts sieurs du chapictre de
la Chastre qui portent encore pour armes *un squelette*
de son grand, tenant un escu dor sur celle main avecq
celle étiquette rolant : quille et quille, un escu à la mort,
ce qui est plustost un ruban que blazon véritable et
messieurs de Marmont portent. . . . .
de façon que nous parlons icy des seigneurs utiles
dudict Vaudouan, car, pour les seigneurs de paroisse
et de justice, ils ne sont point aultres que ceux mesme

de la Chastre en Berry, à les prendre depuis Cesar
Jule qui la fonda, jusqu'audict seigneur de Chauvigny,
qui la vendit avecq Brianthe aus sieurs de Cluys, et
ceulx cy (1) à la maison de la Chastre Breuillebault
qui y prétendoit come il sera cy après dict beaucoupt ·
de choses en conséquence.

De façon que pour revenir à ladicte fondation de
Vaudouan que nous avons dellaissé pour parler des
seigneuries, la chapelle érigée, l'on y posa un clocher
et au clocher une cloche, mais que je n'estime pas
estre celle qui y est aujourd'huy autour de laquelle est
escript en caracthères gothicques : *Sancta Maria ora
pro nobis* avecq un crucifix et en chiffres, 1504, parce
qu'il ny a pas d'apparence que quant l'on fit ladicte
chapelle, l'on n'y aist pas faict une cloche, maiz bien
que celle de présent n'est pas la première et pas seulement la seconde, quoyqu'il en soit comme la dévotion de la Chastre à Vaudouan estoit plus grande que
de toutte aultre part que lesdicts sieurs du chapictre
en estoient les maistres et que l'image y avoit d'a-
bord estez postée, voire par aultre considération. Enfin
le chemin qui est très grand et beau fut orné de trois
croix, fort exalté, la première prest la Chastre à la
sortie du faubourg dict de Nostre-Dame, à cause de
Vaudouan quil regarde et qu'il y a aussi au portail
une image de la Mère de Dieu, la seconde au milieu
des vignes de costé là et où apparemment il n'y en
avoit point lhors, finissant lesdicts vignobles là, et
cette croix estoit posée au commencement des
champs et campagnes de ce costé là ; lhors et enfin
la troizième croix sur cette belle mothe à la veue du
bois de Vaudouan et à trois cents pas de la chapelle.

(1) « Par....... Yssouldun. »

Ladicte première croix dudict Vaudouan la plus près
estoit celle posée en la plus belle descouverte, mais
aussy ou on remarque qu'il fait le plus de froid et de
vent qu'il fasse à quatre lieues à la ronde, aussy est
elle subjecte à tomber. Et c'est justement à cette croix
où les processions allant à Vaudouan s'arrestent pour
se mestre en ordre et aller bannières et croix levées
tousjours chantant à la chapelle et à cette mesme
croix où il fut faict de belles prédications, lannée
1654 de la grande Eclipse, par la croix que suivoient
les processions de la Chastre, Châteauroux etcⁿ, la
grande sur ledict chemin faisant le milieu des trois et
non du chemin appellée vulgairement *la pelicte croix*,
soit qu'elle ne fust au commencement pas sy grande
que les deux aultres, aujourd'huy estant la plus belle,
aultrement la croix des Sellerons qui l'y auroient
peu estre faict poser du temps qu'ils estoient en charge
de ville autour de laquelle sont des arbres pour l'orner,
marque que ce fust en l'année 1524 quelle y fust posée
par l'ordre d'un nomé Guillaume Magny, lhors maire
de la Chastre; ce qui est fort difficile à lire à cause de
la vieillesse et de sa lettre gothique fort minée du
temps qui consomme tout; et enfin la troiziesme croix
pour aller audict Vaudouan plus près dudict la Chastre y fut apparemment posée en 1504, du temps de la
dernière cloche, ce qui est encore difficile à lire, estant
à remarquer à cette croix que la Chastre allant en
procession à Vaudouan abat croix et bannières et
qu'elle les relève en retournant de Vaudouan. Et sera
à observer que cest trois croix n'ont jamais esté
mises et posées sur ce chemin casuellement et à lad-
venture, ains mistérieusement et pour quelques raisons
à moy incogneus jusqu'à présent et peult estre à l'ins-

tar de celles de Paris à Saint-Denis, lhors que le corps du glorieux saint Louis y fut porté inhumer en l'année 1270 quil mouru en Afrique, soit que sur le chemin de la Chastre à Vaudouan allant en procession solenelle bénir la chapelle de cette Sainte Vierge, au temps qu'elle commença à se manifester en ce lieu par cest miracles, on y allast portant l'image avecq poses et stations qui auroient despuis esté marquées desdicts croix, afin de cotter plus de gravicté et d'honneur à cette grande patrone de la Chastre, soit que l'on en fit la marque des eslévations de banières et croix ou abaissements d'icelles pour chanter ou cesser de le faire, comme l'on faict encore à présent ou enfin que cest trois lieux ou endroits soient cottez par cest croix et partyes du chemin de Notre-Dame de Vaudouan auxquelles elle auroit opéré trois grandes merveilles en leur temps.

Enfin il manquoit à l'embellissement de ce grand et célèbre chemin une double rangée de touttes espèces d'arbres que feu Mᵉ Bertrand·Blanchard, fermyer des Aydes et desdicts sieurs du chapitre, y fit poser en l'année 1638, en déduction du prix de son bail et qui faisoit beau voir et auroit esté admirable si les pasteurs, bestiaux et aumails ne les avoient destruicts n'en restant plus d'une si grande quantité qui prenoit des fosés de sablonnières à la Fontaine qu'un ou deux et ausquels l'alignement estoit merveilleusement observé, bien que l'allée fust de trois quartz de lieues ou environ, à quoy les dicts sieurs du chapitre se sentoient aussy tant obligez, que le travail et l'ouvrier furent gravés en la chapelle sur une pierre posée du costé du maistre autel de la chapelle du dict Vaudouan, je dict le nom du dict Bertrand Blanchard en

mémoire perpétuelle à la postérité de ses labeurs au
dict ouvrage, laquelle pierre en 1668 que la chapelle
fut agrandie, fut transportée au pied de la sacristie de
la dicte église de Vaudouan ou il se voit encore.
Mais pour perfection de l'anbellissement de Vaudouan
en 1664, Mᵉ Germain Dorguin, commandeur de
Sainte-Sévère, chanoine de Saint-Germain de la
Chastre, lhors desservant Vaudouan y fit mestre un
pont de bois à l'entrée du bois où sont des marais
qui en difficultent l'entrée, et y collocqua deux aultres croix : l'une au lieu dudict pont et l'autre à la
Fontaine, de sorte que pour aller aujourd'huy de la
Chastre à la Fontaine de Vaudouan, l'on fait rencontre de cinq croix touttes posées sur le chemin à l'honneur de Dieu et de sa trez sainte mère et de Vaudouan, que l'on a indiqué au lieu de dévotion où il se
trouvast plus de croix en sy peult d'espasse et de chemin. De sorte que, sans exagérer, il est présumptif
que tant de choses n'ont peu se faire q'à cause de la
dévotion que de tout temps touttes sortes de braves
gens ont heu pour la Sainte Vierge de Vaudouan.

Et pour le faire voir, il est certain qu'annuellement
à la feste de Notre-Dame d'aoust il y arrive seulement
du costé d'Yssouldun et de Châteauroux deux cents
charrettes de pèlerins, chacune contenant cinq personnes (1) ou environ et que si Berry donne un
homme, la Marche en fournit quatre, pouvant en
toutte véricté soustenir q'entre les deux festes de Nostre-Dame d'aoust et septembre, c'est une sainte et
perpétuelle foire de dévots à la chapelle de Vaudouan qui commercent sans cesse des affaires de leur

(1) « Feu M. Jean Pajot notaire royal en a compté jusq'à
seize vingts charettes, une fois en sa jeunesse. »

salut et qui faict mesme q'hors les bestiaux qui ne s'y vendent pas, il sy distribue de touttes aultres choses de marchandises.

Aussy y a ont remarqué, pour des années en ce temps d'entre les deux Notre-Dames, des soixante et dix hostes, ayant chacun à tout le moings un thonneau de vin le débite entièrement le mesme jour et s'y bien, que le soir venu, il ne s'y en trouvoit point pour souper et faloit il recourir à d'avantage, le lundi de Pasques annuellement et de la fasse par le nombre du peuple à Vaudouan, que le 15 aoust, les trois et quatre miles personnes sy trouvent et les trente processions étrangères y arrivent le mardy de Pasques, et enfin tout l'esté jusqà la Toussaint, en tout temps et toujours les chariaux en assez grandes quantités qui tous se rendent à cette sainte chapelle, ne débordant pas de peuple, maiz les dimanches et festes particulièrement y ayant ces jours là sans y faillir une grande et nombreuse assemblée de peuples et quelques quantités de messes qui s'y puissent dire, l'église estant toujours plaine, mesme y remarquent ont quantités de gens qui par veu y viennent nuds pieds et en chemise ou pliez de napes s'en retournent de mesme et beaucoupt d'aultres qui passent la nuict dans la dicte sainte chapelle à prier Dieu, ainsy je croy, sans dessin de charger, qu'il ny a point de dévotion de Notre-Dame en France plus grande que celle de Vaudouan. Et observent ont que le Berry et la Marche, entre aultres, y sont sy faicts et habituez, que dans le moindre estonnement ou surprise sur quelque chose surprenante ou imprévue qui leur arrive de s'exclamer à haulte voye : *O bonne dame de Vaudouan*, ce qui ne se dict pas des aultres ou fort

peult, ce qui est vray du proverbe des gens du lieu
qu'elle est très secourable et fort prest à ayder ceulx
qui la réclament et interceddent ; les proverbes n'ayant
destat que des espériances.

Doncque elle est en grande vénération, crédit et
reputtation en France, et les François en général y
portent grande dévotion, à compter despuis nos roys
très chrétiens jusquaux moindres et plus pectites
personnes et de touttes conditions de gens sans
exception aulcune, puisque Louis XIII mesme,
d'honeste mémoire, et que Dieu absolve, estant au
lict retenu de la maladie dont il mouru, envoya, auparavant son deceds q'i arriva le XIIII may 1643, trois
seigneurs en habicts incogneus et travesty en pèlerinage à Vaudouan pour luy, lequel chemain faisant,
lesdicts seigneurs et ayant appris dès Orléans que
Dieu avoit attiré l'âme du roy a soy, furent perpleixes
dessus le doubte un long temps s'ils paracheveroient
le dict voyage, conformément au veu du deffunct roy
ou s'ils s'en retourneroient, attendu que l'intention
diceluy estant pour obtenir la santé diceluy, Dieu en
avoit aultrement disposé, de sorte que néanlmoings
ils l'accomplirent à pieds et quelques ungs ont voulu
conclure de ce qui leur arriva à Saint-Aoust ou estant
pris pour des voleurs l'on les emprisonna et l'on leur
vouloit faire leur procès, q'estant élargis, leurs inno-
cences recognues, qu'ils sen retournèrent à Paris et
ne passèrent pas oultre. Mais ce sont comptes et
des gens de cette qualité et force d'esprit ne seroient
certainement pas venus de sy loing, du lieu sy prest
pour une chose de telle conséquence pour s'en retourner ainsy sans accomplir leur vœu. Et de faict,
restant en mesme habict porté à Vaudouan, firent dire

SOURCE MIRACULEUSE DE VAUDOUAN

VIERGE MIRACULEUSE
DE VAUDOUAN

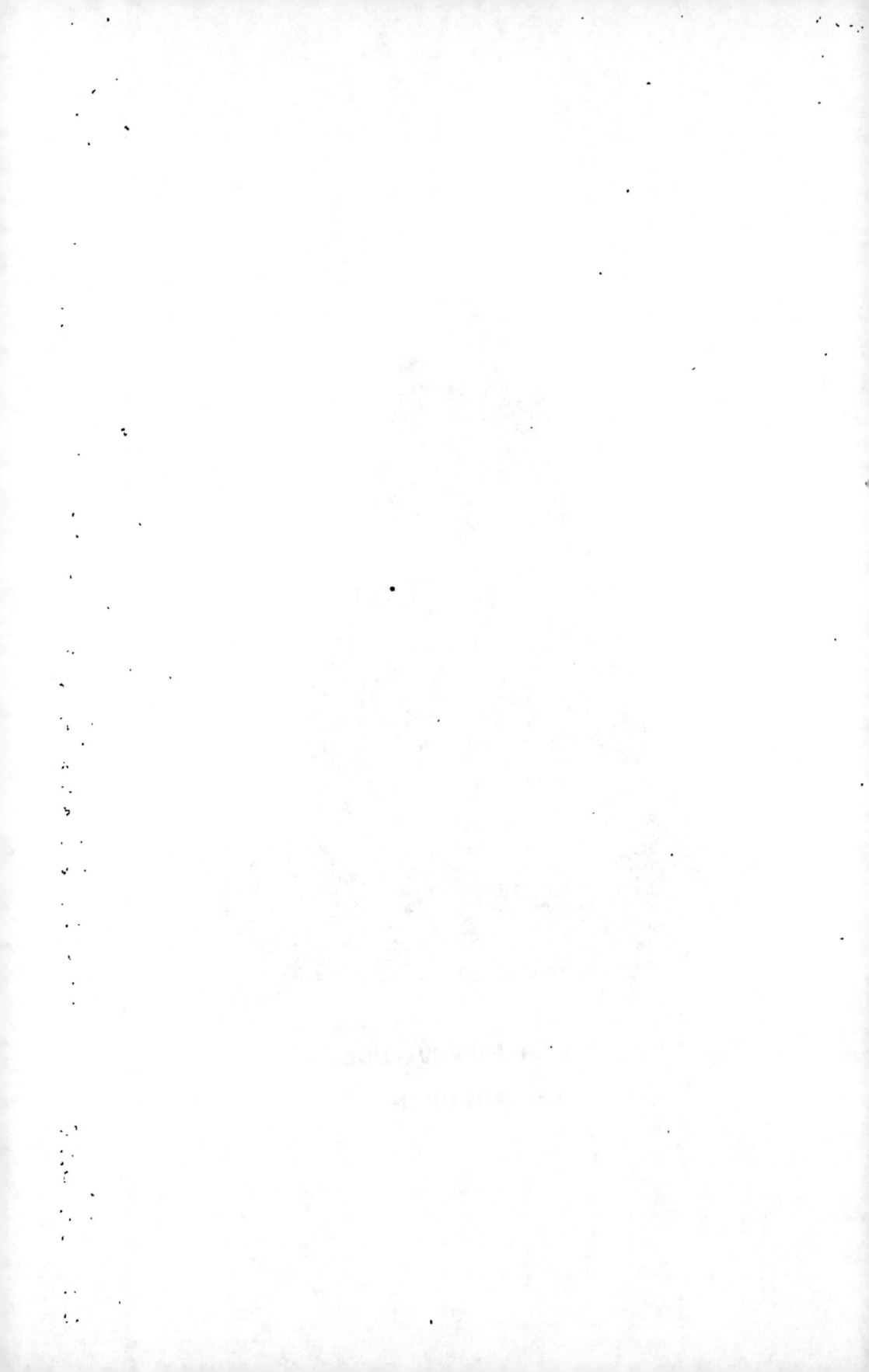

des messes de *requiem* pour le repos de l'âme du deffunct roy, faict leur offrande, se retirèrent toujours
incogneus, maiz avecq cette différence quils montè-
rent dessus de bons chevaux s'en retournant et qui
apparement les avoient suivys, menez en main par leur
valet, mais, dict ont, ils ne laissèrent pas de présent digne de la Majesté du roy de France et je dict que
s'ils l'avoient faict, ils se seroient déclarez et manifes-
tement faict cognoistre, ce qui estoit contre l'intention du roy et du vœu ; et sy Dieu nous avait doné le
roi, est il vraisemblable que par quelque beau monu-
ment en présent à la Vierge dont il auroit faict présent à Vaudouan auroit il faict cognoistre ses obligean-
ces. Mais cela nestant pas arrivez, puisque le roy
mouru, il ne doibt surprendre persone sy la chose ne
passa pas oultre, au contraire quazy . . . .

Jusqa présent, la ville de Linrse prest de Paris a
envoyé de ses habitants exprès en pèlerinage à Vaudouan, y ayant encore des gens vivants qui les y ont
veus, de façon que toutte la France réclame le crédit
de Nostre-Dame de Vaudouan ; et sy cette dévotion
estoit aussy bien sur une grande routte et grand
chemyn de France, comme elle ny est pas, et dans le
voisinage de grande ville, come elle est en un lieu
écartté et à l'escard, mesme qui passe encore pour
dangereux à cause des bois commungs à ce lieu où se
sont jadis faicts grands vols et assassins, à cause de
quoy le messager de Tholoze, celuy de Bourdeaux
et Limoges et les portes qui souloient passer à Vaudouan ont pris le chemin de Chasteauroux, je nes-
time pas encore une fois quil y aist une pareille dévotion à deux cents lieues à la ronde.

Laquelle dévotion je cesse de parler parcequ'il en y

3

auroit point à finir par deux processions, l'une une fois
arrivé à Vaudouan et l'aultre qui sy faict annuellement.
A l'égard de la première, cest de la ville de Chasteauroux, le treize aoust 1654, trois jours avant la grande
éclipse et pour préserver cette ville, les menaces
que cette altération promettoit, laquelle procession
estoit composée de deux cents frères du saint Sacrement du dict Chasteauroux et plus de cent aultres habitants du dict lieu qui les suivoient et qui étoient
venuz à la Chastre et le cierge en main en l'église de
Saint-Germain, nuds pieds, tocque en main et le
cierge allumé au-dessus des statues, rendre hommage
au patron de la Chastre ou le docte M. Jean Chichon, curé archiprebtre de Saint-Denis, aumosnier du
roy et docteur de Sorbonne, voilà ses titres ordinaires, ayant faict une belle exortation aux habitants de
se bien disposer à ce voyage de Notre-Dame de
Vaudouan, dans l'amour et le zelle qui le fit despuis
mourir en sa mission de Saint-Aoust, luy qui finit sa
capacité du fameux carme du Bellay, que l'on tenoit
de saint François de Sales, en mémoire et tesmoi-
gnage de quoy, le dict Chichon avoit tous les traictés
du dict Evesque du Bellay, et j'estime de mon dict
François de Sales, qui faisoient seuls une riche biblio-
tèque ; enfin la bénédiction donée, la procession sor-
tit de Saint Germain pour le lendemain deux heures
d'avant jours en la mesme église qu'il les prescha de-
rechef et a qui toutte la ville de la Chastre adcista,
après quoy, la procession suivie de toutte la compa-
gnie sortyt, le cierge allumé, nuds pieds et neud teste,
deux à deux, tousjours chantant et psalmodiant jusq'a
la croix du dict Vaudouan, le plus prest, ou pour une
troiziesme fois les ayant preschés et exortez de se pré-

parer à jouir de la veue en bref d'un sy saint lieu, la procession reprise, elle entra en premier ordre en la sainte chapelle de Vaudouan. La messe y fut chantée solenellement par un grand peuple qui étoit les frères du Saint Sacrement, y communièrent dévotement et offrirent à la Vierge les présents de Chasteauroux qui estoient fort considérables, allèrent à la fontaine en dévotion et enfin retournèrent en mesme ordre à la Chastre.

Je ne dict point que la ville présidiale de Guéret, capitale de la Marche, fit le mesme et en belle et devote cérémonye, la ville de la Chastre, Sainte-Sévère qui y apporta la patrone qui ne voulôit plus sortir, n'avoient, après leurs prières à la Sainte Vierge, pris eux-mesmes la châsse de cette grande sainte que l'on fit en cette sorte se sortir de ladicte chapelle, Chasteaumeillant et tant d'aultres que quelques ungs ont soutenu que maitre Germain Paris à présent prieur de la Chastre, l'hors desservant Vaudouan, en auroit receu plus de trois mil livres de revenu cette année là, parce qu'il est vrai qu'il sy faisoit des vœux et des offrandes inconcevables, l'aultre procession qui se faict annuellement a Vaudouan est par Messieurs du chapitre du dict la Chastre le 15 aoust, jour de la fête de l'Assomption de Nostre Dame, au désir de la fondation de Renault de Rambœuf, duquel il est cy dessus parlé, laquelle se dirige en cette sorte : Messieurs, la procession sonée, partent et vont chantant jusqu'à la croix de Vaudouan, la plus prest de la Chastre, après quoy, croix et bannières à bas, l'on va jusqu'à l'entrée du pectit bois de Vaudouan ou aux pieds des arbres. En arrivant, l'on sarrestent et le cofre qui contient les ornements descendus de dessus la charette que l'on y roule à cest effet, chacun de Messieurs du chapitre se faict se mettre de genoux. Et après un temps d'oraison mentale, se lèvent et comancent a chanter et la procession se portent à la fontaine ou un prédicateur, se trouvant en chaize, debitant un beau discours à la louange de là sainte Vierge est faict la procession, reprend le chemin de la chapelle de Vaudouan. Lesdits Messieurs y célèbrent une grande messe a diacre et sous diacre, responds du chapitre, haultement mesme en musique lhorsqu'il y en avoit, apres quoy, un chacun des dicts sieurs a le choix de disner a Vaudouan aux despens d'iceluy qui dessert l'église ou de prendre vingt sols, ce qui est aux choix du chapitre. A la fin, un chacun se retirent, ce qui me fournit une puissante intime à croire que ce fut ancienement la feste de l'Assomption que la sainte image de Nostre Dame fust trouvée parce qu'il n'est point aultrement, en quel temps l'image fut trouvée, se contant de cotter lannée ce qui est un grand deffault, curiousieté aux gens d'alhors, si l'on ne vouloit dire que la dicte invention fut arrivée la feste de la Pentecoste parce q'aultrefois l'on adjugeoit la ferme de la chapelle de Vaudouan le mardy de la dicte feste de la Pentecoste (1).

Quoy quil en soit, finissons de parler des dévotions de Vaudouan qui ne finiront jamais de sy faire (2), pour discourir des motifs et subject d'icelles qui ne sont aultres que les grands et innombrables miracles qui sy sont faicts, sy font et sy feront, s'il plait à Dieu,

---

(1) « Soubz le grand arbre devant la chapelle. »

(2) « La seule ville de la Chastre y faisoit cinq processions annuellement et ordinairement par an, sans parler des extraordinaires en cas de besoing. »

jusqu'a la fin du monde, incogneus la pluspart des estrangers, particulièremant parce que les vœux qui ta-
pissoient, a double de reste le dedans de la chapelle, y
manquent et n'y sont plus. Monsieur de Gamaches
remarquant, il y a plus de six vingt ans, qu'il y avoit
beaucoup de potances et béquilles et choses, de sont
temps encore ou plus tost desja et que le livre manuscript des miracles opérez en cette chapelle est égaré
ou quoy que ce soit ne paroist plus et qu'a cause que
l'on a peyne non seulement à le croire, mais encore
que n'en voyant aulcuns appendant que l'on va reflé-
chir qu'il sy soit peult estre jamais faict des miracles,
cependant quil est vray que tous les jours il sy en
faict encore beaucoupt tous les jours, car, oultre le
grand et célébre de l'image trouvée, de ce qui arriva
en creusant les fondements de la chapelle à la fontaine et de ce que la volonté de la Vierge se manifesta
estre que la chapelle fust érigée où elle est à présent,
le mesme sieur de Gamaches observe que la ville de
la Chastre, ayant des enfans subjects à la descente
des boyaux, se vouant à la Sainte Vierge en estoient
aussitost guériz que la neufvaine estoit achevée, ce
qui passoit pour faict mesme avant l'entreprise du
vœu, tant la chose passoit et passe pour certaine et
peult ont dire le mesme des enfans des aultres lieux
que de la Chastre venus de partout; la Vierge estoit
infaillible a les ouïr et exaucer. En cela (1) le dict
sieur de Gamaches poursuivant, dict que la chapelle

(1) « La Sainte Vierge des Ardilliers faict la mesme chose
« pour la tegne et la femme de maistre M. du Plessis gou-
« verneur de Saumur s'en estant voulu mocquer en es-
« prouva a sa honte la confusion. Voy. *Histoire des Ardilliers*,
« folio 10. »

3.

estoit assez bien ornée, tant de parements et autels
que de calices, croix d'argent et aultres pièces de va-
leur. Il y eust des larrons et me semble, conthe-t-il
que l'on les dict au nombre de quatre qui furent de
nuict voler cette chapelle, lesquels furent pris dans la
terre et justice du mesme lieu condemnez à mort et
penduz a la Chastre, lesquels avouèrent en leur sup-
plice quil n'avoit esté en leur pouvoir de sortir de l'estendue de la justice de ce lieu, et comme ils estoient
en l'un des confins, ils retournoient à l'aultre, cela
dist-il, ma esté confirmé par le sieur d'Acres, vassal de
ce lieu de Chasteaumeillant, très home de bien et
home de foy, lequel m'a asseuré que sa mère avoit
veu les criminels au suplice et seu cette confession
d'iceux. Jay veu, dict-il, cette bone feme mil fois qui
nest morte que despuis trois ou quatre ans ; mais
j'advoue que je ne l'ay jamais mise sur ce propos.
Monsieur de fay, dict il encore, que j'ay souvent veu
grand père de mademoiselle de Boussais avoit receu
une arquebuzade à la jambe et la cancrène sy mettoit
ne voulu permettre aux chirugiens luy couper, que
premièrement il ne ce fist porter a cette chapelle de
Vaudouan où il fit dire une messe. Et comme le prebtre la disoit, la bale tomba, et dela en avant fut tousjours en amendant et guéry. Il y a plusieurs bastons
de boitteux qu'on dict estre guérys, ce sont jusqu'icy
les tesmoignages du dict sieur de Gamaches. Voyons
en d'aultres dans le temps que la chapelle de Vaudouan fust érigée sur tant de miracles qui sy venoient
rarement de faire, un hoste sy estant estably au lieu
mesme de l'hostellerie d'aujourd'huy mais non avec-
que tant de logements quil y eu a présent (puisqu'un
prieur de la Chastre, appele Morjuz, se fit une fois

passer pour faict cent livres d'augmentations et répa-
rations pour lesdicts bastiments. La feme du dict premier hoste de Vaudouan, faisant la lescive, s'en estant
allée bonement et sans dessin de mal faire la laver a
la mare ou fosse audessoulz de la fontaine du dict
Vaudouan, voilà soudain que le ruisseau cesse de
couler en ladicte fosse, ce qui ayant aulcunement surpris cette lavandière qui pendant son émoy ne lavoit
plus, le ruisseau se remit à couler, ce qui obligeant
la feme a laver come auparavant, le ruisseau cesse et
come la feme s'arreste, le ruisseau a cet arrest reprend
a couler, la feme a laver jusq'a ce qu'enfin l'eau cessant
tout a faict, la feme faisant aplication que s'estoit san
doubte un signe et une marque que la Sainte Vierge
ne vouloit pas que lon allast laver les ordures dans
ses eaux, s'en fuict crier miracles jusq'a la Chastre, ou
beaucoupt estant survenuz et suivy la feme au lieu
de la dicte fosse ou ayant recomencé a laver en leur
présence, un chacun vit le miracle et de quoy il se fit
de bons procès-verbaux. Despuis, jamais il n'a esté lavé
par personne, l'hostesse de Vaudouan allant a présent
du costé du Virolan, en cas de lescive.

L'on parle fort du mesme bourg tout aultant de voleurs et larrons qui ont volé Vaudouan ont esté pris
et pugnis sans pouvoir jamais s'en sauver soit le tronq
ou les ornements de l'église, et souvent de nos jours
les ont souvent menez faire amende honorable devant
la grande porte de la chapelle, puis fouettez et flectrys
ce qui est dict de ceulx qui n'ont pas esté condamnez
a la mort, parce qu'il en a heu de plusieurs sortes et a plusieurs fois, de façon qu'il leur en prend peur a présent,
Dieu chastiant sévèrement les larrons du bien des
chapelles de sa mère, des chartiers venant d'Yssou-

dun en dévotion a Vaudouan, roulant une charretée de
peuple, soit que la chaleur du jour les eust assoupy
ou aultrement, tombèrent a terre de dessus la limo-
nière et la roue leur passa sur le corps et ventre qui
auroit rompu de grosses barres de fer tant la dicte
charrette estoit chargée ; cependant merveilles veoir
cest gens-là se retirer aussy frais, sains et gaillards come
sy jamais ils ne seroient cheuz ny tombez et qu'ils
eussent au contraire reposez doulcement en leurs
licts. Ce Jardon signalé, voleur duquel nous avons cy
dessus parlé, en la description du chemin de la Chastre a Vaudouan, parlant de la mothe de terre aujour-
d'huy appellée de son nom *Terrier Jardon*, à cause
quil y fut pendu, avoit tant d'adresse en les vols et
larcins qu'il avoit a cest effet faict ferrer son cheval a
l'envers et à quoy, sans doubte, il avoit réussi jusq'a la
nuict quil se voulu aussy attaquer à la chapelle de
Nostre-Dame de Vaudouan, parce que, bien quil
n'eust point esté surpris sur le faict et qu'il eust eu
tout le temps de la dicte nuict pour se sauver, néanlmoings, a pousser tousjours droit et picquer son cheval, le matin du lendemain il se trouva justement
au lieu d'où il estoit party, où il fut apréhendé de la
justice qui verbalisoit de se vol lhors a Vaudouan qui
lui fit en conséquence son procès et le fit exécuter et
despuis porter son corps au *Terrier Jardon*, ainsy
nomé a cause de luy.

Lannée seize cents quarante-neuf, que la guerre
estoit très grande partout le royaulme de France
mais particulierement en Berry, a cause de Messieur
le prince, gouverneur de la Province, lhors mal en
cour, vingt cavalliers allant a quelq'affaire de conséquence qui les pressoit de partir, et aussitost pris la

campagne du costé de la Marche, furent attaquez par
une embuscadde de plus de quarante-cinq voleurs sy
favorable a ses méchants qui en avoient mis a leurs
aises que par une descharge quils firent dessus cest
pauvres vingt cavalliers, ils les jectèrent tous roides
morts a l'envers sur le lieu, a la reserve d'un seul qui
se deffendant du mieux qu'il pouvoit en fuyant, fit vœu
a la Sainte Vierge de Vaudouan que s'il eschappoit de
ce malheureux assassinat, il auroit lhonneur de l'aller
visiter pour la remercier en sa chapelle dudict Vaudouan pour une telle grace. Miracle ! cet home se
sauva et s'eschappa des mains des quarante cinq voleurs qui luy avoient deschargez peult estre chacun
un coupt de mousquetade sur le corps, et comme, entrant en la chapelle il aist crié au secours et miracles,
grand monde qui se trouva la y ayant accouru, il se
dépouilla devant eux dedans la dicte église et fit
tomber plus de cent bales de calibre d'entre sa peau
et sa chemise qui n'avoient que percé cest vestements,
mais nullement offensé la peau. Il y a encore des
gens vivants qui ont esté spectateurs de ce miracle et
de quoy lhors dedans la chapelle de Vaudouan haultement il fut rendu gràce a Dieu et a sa Mère d'un
si grand miracle.

Ce ne seroit non plus jamais finit d'entreprendre de
descripre une partie mesme des miracles qui se sont
faits à Vaudouan ; il s'en est veu aultrefois un gros
volume manuscript que je ne sais quoy est devenu.
Ceulx qui le l'ont eu devroit bien faire part à ceulx qui
descripront les veux pour en proficter et y obliger
leurs amys devots à la Vierge, enfin estant certain que
tous ceulx qui ont heu confiance en l'intervension de
Nostre-Dame de Vaudouan ont heureusement réussit

en leurs intentions, de façon qui finissent la description des miracles, il sufist de savoir que les diables
occupant par pocession les homes, ont quittez leurs
prises dans la chapelle de Vaudouan, à la veue de
cette sainte image et intercession de son sacré original. Entre aultres, un jour de dimanche un homme de
Jouhet, je ne sais quoy faisant, fut possédé du diable.
L'on parle de le chasser, mais comment sy prendre, le
demon dedans le corps de ce misérable brave impuné-
ment tous ceulx qui parlent de l'en chasser et faict le
maistre absolu dedans le corps de ces énergumesne,
jusq'à ce que l'on parla de le mener à Vaudouan.
Alhors il faict des serments exécrables qu'il ny ira pas.
Cependant l'on aporte une charette, l'on y met six
bœufs, l'on y attache à gros liens ce possedé, mais au
milieu du chemain, les bœufs demeurent immobiles,
s'arrestant tout court, ne pouvant désormais non plus
mouvoir cette charette que s'ils avoient roulé un gros
rocher, quoy ce qui en soit entrepris de le faire, les
capucins de la Chastre y sont appelez. Le démon de rechef crie, ne pouvant se résoudre d'aller à Vaudouan,
mais à force d'adjurations et d'exorcismes, luy ayant
encore dict que le grand curé de la Chastre y venoit,
les bœufs roullent la charette, et le démon lhors
aultant captif, come il tenoit celuy qu'il possédoit,
ce laisse mener à Vaudouan. Il fit le rétif à l'entrée
de l'église, mais enfin le voilà dedans et il y trouve
M⁰ Pierre Raffinat, le grand curé de la Chastre, qu'il
appréhendoit sy fort. Les voilà doncques aux prises, il
raconte au dict curé tout hault toutte sa jeunesse, luy
faict ces reproches, luy dict tout hault quil a voulu
séduire une fille en tel endroit et qu'en telle aultre
rencontre il a malverssé. Le grand curé luy advoue

mais aussy q'en ayant esté pardonné de par des miséricordes, en conséquence de ses pénitences cest pes-
chez ne luy peuvent plus estre imputez, il l'adjuroit
au nom du grand dieu vivant de huider incessamment
du corps de cet home, et sur ce le goupillon en main(1)
l'aspergeant incessamment de l'eau beniste et pressant
vivement, le diable se confessant vaincu, demande permission seulement en sortant de faire grand bruit par
vent ou tonere, et mesme pour marquer de sa sortye de
jecter quelques arbres du bois du dict Vaudouan, ce
q'estant absolument empesché par le dict grand curé
mais tollere de le faire en fumée, et doner un petict mouvement aux vitres de la chapelle pour la plus grande
gloire de Dieu et édiffication du prochain, voilà aussytost que le démon quictte sa proie, laisse une grosse
fumée sortir de la bouche du possédé come..... et faict
un tel tremblement des dictes vitres de Vaudouan q'enfin que l'on croyoit qu'elles estoient touttes par terre,
néanlmoings il ny eu pas la moindre lézion, ce qui obli-
gea leglise plaine de spectateurs de proclamer d'un cry
général : *miracles, miracles, miracles.* L'aultre possédé
estoit un misérable vigneron de la Chastre, qui jouant
aux doubles aux quilles dedans le bois de Vaudouan, sur
un différend de jeu, jura laschement que le diable le
posseda tout sur l'heure, quil avoit tant de jeux bien qu'il
seust sciamment qu'il s'en falloit. Aussytost dict, aussytost faict, le diable s'en empare, le voilà possedé,
un chacun fuyet (sestoit un lundy de Pasques, par
bonheur que la paroisse de la Chastre estoit à Vaudouan que y va six fois lannée, et ainsy le grand curé
ou aultrement la *Grande Barbe* y estoit, estant ce digne

(1) « Leau béniste sy besnit presque tous les dimanches. »

archiprebtre mort en odeur de saincteté recogneu par
tous c'est noms le vray espouvantail des démons, puisque mesme il fut appellé aux exorcismes des religieux
de Loudun, tant il estoit expert en cet art); le grand
curé adverty vient au démon, saisy du corps de ce
malheureux joueur, lexorcise au nom du grand Dieu
vivant de sortir de cet homme. Le démon faict reffus;
bien attaqué, bien deffendu, le combat fut aspre et il
fallut luictter long temps, mais quelle apparance au
serviteur de voulloir l'entreprendre en son maistre et sa
mère, il se peult souvenir de ce qui luy est arrivé jadis
au ciel, en tel cas, et qui luy vault la damnation éter-
nelle, enfin le démon quictte et le possedé se trouve
dellivré qui aussytost se jectte à genoux, criant misé-
ricorde à Dieu et le remerciant aussy sa très Sainte
Mère de sa dellivrance d'un sy formidable enemy et
tant et tant d'aultres poceddés dellivrez du diable à
Vaudouan... tant daultres miracles de toute espèce
faicts en cette sainte chapelle, que de les voulloir
entreprendre de les compter se seroit voulloir suppuc-
ter les sablons de la mer, les estoilles du ciel et les
atours de la nature.

Aussy, cest merveilles ayant esté opérées sur beaucoupt de recognaissance, c'est il faict des présents a
Nostre-Dame de Vaudouan qui ont esté de considération et de prix, ne voulant les gens d'honneur pas
seulement par tels appendices ou tesmoignagnes leur
recognaissance à la mère des miséricordes mais
encore les rendre notoires au publicq, afin que chacun
sy adressat en la mesme confiance à l'advenir pour...
à leurs besoings et necessitez, entre lesquels dons et
présents despuis les premiers miracles arrivés jusq'à
présent quils se continuent, sils estoient conservez et

non dissipez comme ils ont esté (1) n'estimant pas
qu'ils eussent peult contenir en la chapelle du dict
Vaudouan, nous avons désjà veu ce que le sieur de
Gamaches en a dict au livre quil en a faict, il y a plus
dun siècle, des chandelliers, des crucifiy, vases et*,
le tout d'argent, qui y estoient pour lhors, ausquels
ont succédé quantitté d'aultre despuis les seules coronnes d'argent que les enfans, allant à Saint-Michel,
à leur retour, ont apporté à la Vierge de Vaudouan
chacun an estant peult estre de plus de deux cents,
parceque, par une sainte coustume à la Chastre, tous
les enfans qui vont en voyage à Saint-Michel, à leur
retour, avant que d'entrer dans la ville ont accoustu-
mer le soir arrivant de coucher en la paroisse de
Montgivray du costé de la Varegnes ou des Capucins où
la procession du curé qui les avoit conduicts jusque là
où il leur avoit doné la bénédiction publique pour
faire le voyage, les va reprendre et les conduire à
Vaudouan par le faulbourg de la fontaine, auquel lieu
dudict Vaudouan la messe de Nostre Dame dicte, et
la corone donée à cette Sainte Vierge, la procession
les raméne à la Chastre, etc. Je ne parle pas non plus
des coronnes d'or du poids de dix-huit louis d'or offertes à cette Vierge (2) par le père de madame de Trei-
gnac, auparavant feme du sieur de Villemur, Poittevin
de naissance, M° André Audoux président esleu à
la Chastre, a doné a Sainte Vierge de Vaudouan la

(1) « Y compris les anilles, aultrement béquilles, chevallets
« ou chevrettes sur lesquels les culs de jatte s'appuyant pour
« se mouvoir et remuer, pendus le long des murs de
« l'église. »
(2) « Cette petite corone dor, dict ont, fut donée au petict
« Jésus qui est entre les bras de sa mère. »

plus grosse des deux lampes d'argent qui y restent de quatre qu'il y souloit avoir, le douze febvrier 1678. La marquise de Sarsay y offrit deux chandelliers d'argent. Mais le plus beau don qui sy soit veu, estoit, dict ont, un devant d'autel à fond dor brodé d'argent, fasson d'orfevrerye très pesant et difficile à plier pour son épesseur et fermetté, qui estoit une pièce à admirer et qui charmoit la veue, une aultrefois une Nostre-Dame d'argent, de tous lesquels present il ne luy reste aujourd'huy qu'une corone de paille, qui luy fut offerte par le père Louis, capucin. Le grand tableau de l'Incarnation, qui est de présent au-dessus de l'image de la Vierge y a esté donné par feu le grand curé de la Chastre, dict la Grande Barbe, Me Pierre Raffinat duquel a esté cy devant parlé, et de l'ouvrage de l'excellent monsieur Boucher, célébre peintre, sil y en avoit en France, la Nostre-Dame qui est audessus de la grande porte tenant son petit Jésus d'une main et un cœur enflammé de l'aultre, prise sur le naturel de celle de Maubranche et teincte de la mesme façon, y a esté donée par Mme Pierre Barjon sieur de Vouzel, bourgeois assez célébre en Berry, ce qui se colige encore de l'escu de ses armes posé en la baze du dict image, tant d'aultres tablaux de touttes facons et ornements et aultres choses variées beaucoupt de gens qui sarrentent pour la vie à cette sainte protectrice des affligez, les ungs pour 2 sous 6 deniers par an, daultres a 3 deniers, daultres a six, daultres a un sols.

A Vaudouan il cest veu, il n'y a pas longtemps, que tous les ans, le six aoust, on y apportoit par une curieuse et sainte dévotion des raisins en mathuricté ou qui en approchoient, lesquels les prebtres en grand nombre qui sy trouvoient celébroient leurs messes et en consacroient, suppliant le Seigneur, verser ses benédictions sur les fruits de vignes y estoient encore (1) ainssy que sur les bleds desquels les laboureurs a présent aportent de touttes especes en la saison de semer à la Nostre-Dame de Vaudouan, afin d'estre bénicts sur l'autel de cette Sainte Vierge, les ungs un boisseau, les aultres deux, plus ou moings à discrection, et desquels la bénédiction faicte, ils en retournoient seulement une eculée ou deux pour mesler avecq l'aultre bled de leur grenier destinés a semer, estimant pieusement ces bons laboureurs que Dieu besnira leurs travaux et fera à la moisson ils en recueilleront d'advantages. Et en effet, je le croy come eux, de façon que cela faict un beau grenier à la Sainte Vierge par an, le prebtre qui y dessert y ayant un gain considérable, combien d'argent offert, de messes, de vœux, de chandelles, de cire, de fruicts, de pains de cire, d'œufs, de fromages, de chanvre, tous les jours offertes à cette Vierge, la pluspart des gens y apportant en vœu, les premiers de leurs fruits ou les chefs d'œuvres de leurs petits mestiers par un louable et saint sacrifice qu'ils font a cette commune bonne mère de tous les fidelles qui l'interceddent, requierrent de..... de façon que l'on ne pourroit finir à tenir compte de vœux et présents faicts à cette Sainte Vierge de Vaudouan, de n'oublier de remarquer que l'image de Sainte qui est en la chapelle du Virolan, y a esté apporté de la chapelle ancienne de saint Pierre de la Chastre, lhors qu'elle voulu cheoir, de sorte qu'il fault conclure de ce que dessus que l'église de Vaudouan est d'un revenu fort consi-

---

(1) « Mesme encore a présent luy met on en main le pre-
« mier raisin meur qui se rencontre. »

dérable. Et le seroit bien d'advantage, si come a Lesse, les Ardillieres et autres dévotions de Nostre-Dame en France, l'on y teroit de résidence actuelle six prebtres qui sy emploieroient et y subsisteroient de rester en s'occupant come ils font aux lieux susdicts, à soir et matin, chanter les louanges de Dieu et de sa mere, le matin dire des messes, des évangiles, recepvoir les vœux, dons et présents, sur le midy prescher et enseigner la doctrine chrestienne et sur le soir a plain cœur et autantiquement venir sonnant musicqalement avecq un grand luminaire ardent antoner les litanyes de cette mere et dispensatrice des grâces pour la plus grande gloire..... encore une fois honorer de sa..... et edification des pellerains qui y accoureroient de toutte part, aussy bien que ces aultres Nostres Dames de France, la dévotion y pouvant estre aussy forte à tout le moings, veu son antiquitté cy dessus cottée et sa grande réputattion.

Nonobstant quoy que les choses cy-dessus recquises y manquent d'estre observées le revenu du dict Vaudouan des années ayant esté donné a des treize cents livres mais comunément parlant, valoit sept cents livres, bien qu'il ne soit affermé aujourd'huy que IIII^c L (livres) sans y comprendre la maison, grange et appartenances de lhoste qui y vend vin actuellement, qui est de cent cinquante livres par an. A quoy il ne perd encore pas, parce que c'est un grand passage aux marchandises, grain du Limosin pour aller à Paris, qui touttes viennent héberger là, les conducteurs ordinairement y laissent de l'argent pour dire des messes a la sainte chapelle et lequel revenu de Vaudouan come il a esté cy-dessus touché en passant se souloit jadis crier et estre offert audicte lieu, le mar-

dy des festes de la Pentecoste soubz un bel ormeau,
sil y en a un en France pour la capacitté de son ra-
mage, soubz lequel un gros escadron tiendroit rangé
en bataille et se donnoit au plus offrant et dernier
enchérisseur a aultre qu'à un prebtre de Saint-Germain de la Chastre qui en conscience, quoy que l'on
die, ne peult pas exercer deux charges requierrant
touttes deux résidance sy incompatibles pour leur dis-
tance d'une lieue d'adcister a l'office du dit Saint-
Germain a la Chastre et desservir Vaudouan, ce qui,
en ce que les dits sieurs du dit chapitre ont heu quelque affaire, a faict dire a quelq'ungs que s'estoit un
chastiment de Dieu de ce quils ne vouloient pas permettre qu'un prebtre un ou deux leurs bénéficiers des-
service la dicte sainte chapelle plustost qu'eux mesmes,
lesquels sieurs du chapitre ont accoustumé d'employer
IIIIe (livres) d'iceluy revenu a payer les deniers
au roy annuellement, a quoy le chapitre est taxé et
par ainsy le surplus de ses revenus de la Chastre est
net et liquide, les carmes de la Chastre ayant heu
dessin d'achepter cette dévotion par deux fois des
dicts sieurs du chapitre, esquelles ils se sont manqués
le premier en 1500 et le dernier en 1670, et offroient
ils la dernière fois ausdicts sieurs du chapitre quatre
cents livres de bonne rente. Mesme la chose fut
au point disposée que l'arentement passé, touttes les
partyes sur le poinct de signer, un chanoyne du dict
corps, pour des raisons particullières (1), ny voulant
pas...., la chose s'avorta, mesme offroient les dicts
pères carmes de recognoistre lesdicts sieurs du chapitre pour anciens seigneurs, faire à la Nostre-Dame
daoust. . . . . . et les frais ordinaires. Et a cet

(1) « Voy. folio 64. »

4.

effet qu'au cas qu'ils en satisferoient, lesdicts sieurs du chapitre y pourroient rentrer en pocession et proprietté comme avant la dicte vente et transport par arrentement, auquel Vaudouan la chose ayant réussit, les dicts religieux entreprenoient d'ériger un beau couvent, une grande et vaste closture de belles maisons religieuses ou ils auroient tenus actuellement six prebtres qui se seroient sans fin occupés a dire l'ofice et chanter les messes, prescher, confesser, comunier et les aultres exercices qui auroient au désir du deservant cy-dessus attirez grande dévotion a Vaudouan et peult estre obligé quelques uns hostes et marchands de s'y establir, et insensiblement pouvoit devenir Vaudouan, non seulement un vilage ou un bourg, mais peult estre bien encore une ville. Et que l'on n'allègue point icy une exagération. Car oultre que cela nestoit pas impossible par les dispositions cy-dessus cottées que l'on me cotte la cause que Nostre-Dame de Liesse est une ville aujourd'huy ce que l'on ne sauroit dire, qu'à cause de la grande dévotion qui y a appellé grand peuple, de mesme peult ont dire de la ville de Monferrat. Il ne fault à cela qu'en veoir les histoires, de sorte que l'on peult résulter de tout ce discours qu'un chacun aspire a Vaudouan, prebtres, religieux et gens mariés, les ungs spirituellement par les vœux et dévotions, les autres corporellement et pour le profit du revenu qu'ils y en gagnent annuellement, mesme le curé de Brianthe qui, en conséquence de ce que la chapelle de Vaudouan est comprise en l'enceinte de sa paroisse, a prétendu de droict la moityée des oblations faictes en ce lieu luy appartenir, à cause de quoy ayant faict action ausdicts sieurs du chapitre de la Chastre par devant le juge cognais-

seur de tels cas, l'affaire bien examinée, débattue et
mise en estat de juger, a perdu son procès tout au
long et lesdicts sieurs du chapitre renvoyez absoubz
de ses conclusions avecq despends. Le seigneur du
dict Brianthe n'a pas faict ainsy, parce que comme seigneur de paroisse ayant prétendu le droit de peinc-
dre une *litre* ou seinture ou seroient ses armes autour et en dehors de ladicte chapelle, et les dicts sieurs
l'ayant voulu empescher ont perdu leur procès avecq
despens et pouvoir ledict seigneur sy faire faire (1).

Ledict sieur de Brianthe y lève les jours entre
aultres des grandes festes un droict sur touttes marchandises et denrées généralement qui sy débictent.
Au commencement cela ayant faict du bruict, des
batteryes, voire du sang respandu mais qui est à présent tolleré, au point que lesdicts droicts sy lèvent
aujourd'huy sans contredict aulcung, ce qui à la fin
forment un revenu considérable en contemplation du
grand débit qui sy faict.

Sainte Vierge de Vaudouan, mon apuy asseuré, ma
souveraine protectrice, ayez pour agréable cette peticte et foible recognoissance en ce débile ouvrage
des grandes obligations que je vous ay, non seulement
parce que j'ay heu l'honneur de naistre le jour de
l'Incarnation du Verbe en vos flancs vierges, jour
quil est despuis mort 34 ans après, jour qui a esté
le premier du monde et celuy q'Israël fut retiré de
la captivitté d'Égipte et ainsy un jour grand sur tous
les aultres, jour des joi vrayment de prédestinateur à
un home nay ce jour là qui saura vouloir proficter
de ce bienfaict, mais jour encore que le nom de

(1) « Come à eux sieurs dudict chapictre de faire mestre
« leur blason en dedans de ladicte chapelle dudict Vaudouan. »

Jésus mon sauveur fut apporté par Gabriel Archange
du ciel en terre, et jour, Sainte Vierge, auquel le
nom de Marie est premierement escript dans l'évan-
gile, nom sy illustre et vénérable de Jésus et de
Marie, exaucez moi, coment vous avez exaucé tant
d'aultres fidèles ; *Jesus Maria* que jaye lhonneur à lad-
venir de faire penitence de ma vie passée et des
fruicts dignes destre antés un jour dans le jardin de
vostre paradis, je prie de mesme pour ma femme et
mes peticts enfans que je vous dedie absolument, outre
qu'ils y auroient du penchant et à quoy je vous prie
Sainte Vierge les vouloir porter, mais encore, débon-
naire mère des miséricordes je vous supplie obtenir
de vostre tant bon fils que votre plus grande gloire
Vaudouan Vaudouan, Sainte Vierge, vostre sainte
chapelle, riche souvenir de dévotion, ne soit plus
servye come par le passé à une messe par jour seulement et trop souvent point du tout, ce qui en refroi-
dist tropt la dévotion mesme un dimanche que les
dévots à vos grandeurs, qui ne s'occupent pas manuel-
lement cest jours, la seroient bien aise d'y avoir
une messe, ce qui leur manque tropt souvent, soit
parce que ny en ayant q'une, elle est dicte auparavant qu'ils y soient arrivés, ils s'en retournent en
leurs lieux esquels estant de mesme dictes, ils per-
dent la messe ce jour là, qu'est un épouvantable acci-
dent ; l'aultre, a cause que y allant et quelquefois pressez qu'ils sont de s'en retourner pour satisfaire à
quelqu'ung rendez vous, la mesme messe ne se disant
que sur les onze heures, cest pauvres gens sont de
mesme contraincts de sen retourner et risquent pour
la raison susdicte de la perdre encore, parce qu'elle
peult estre de mesme dicte en leur paroisse ; faicte

Sainte Vierge, qu'il y en aye désormais dadvantage à toult le moings trois, les festes et dimanches, une à sept heures du matin pour les premiers venus, plus pressez de sen retourner, laultre à huict pour ceulx qui tiennent le milieu et enfin pour les paresseux ou demeurant une messe à neuf heures. Vous en serez plus louée, digne mère de consolation, mieux servye, plus de gens incomparablement y iront dans la certitude d'avoir une messe, ce qu'ils ne font pas dans la crainte susdicte de la perdre le revenu de Vaudouan en seroit plus grand, j'ose soustenir que plus de miracles y arrive; le salut de vos fidèles sy opèrera dadvantage et ce qui scandalise par ce deffault quant à présent beaucoupt de gens fera à cest conditions un jour dédiffication.

Ce sont les souhaits tres ardents, Madame ma tres illustre reyne non seulement de vostre petict serviteur mais de tout le peuple voisin de Vaudouan en général. Ainsi soit-il (1).

JESUS   MARIA

JOSEPH

(1) Jay despuis observe encore des choses que je pourray mestre en un second volume de ladicte histoire.

Un nomé Jourdann dict Carbasse planta les arbres de l'allée despuis les sablonnières jusq'a la fontaine de Vaudouan.

Voy. encore feuilles rapportées fo 348, 350, 780.

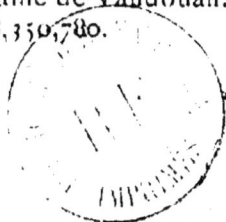

Typ. et Stéréotyp. A. MAJESTE et L. BOUCHARDEAU.

www.ingramcontent.com/pod-product-compliance
Lightning Source LLC
LaVergne TN
LVHW021732080426
835510LV00010B/1204